n° 27/17940.

NOTICE
BIOGRAPHIQUE

SUR

M. L'ABBÉ ROUSSEAU,

CHEVALIER DE LA LÉGION D'HONNEUR, INSPECTEUR
DE L'ACADÉMIE DE CAEN;

Par M. EDOM,

INSPECTEUR DE LA MÊME ACADÉMIE.

CAEN,
A. LE ROY, IMPRIMEUR DE L'ACADÉMIE
ET DU COLLÉGE ROYAL.
—
1836.

NOTICE
BIOGRAPHIQUE

SUR

M. L'ABBÉ ROUSSEAU.

———

La mémoire de certains hommes mérite d'autant plus d'être louée, que pendant leur vie ils ont moins recherché la louange. Doués de talents distingués, enrichis de connaissances précieuses, élevés à des postes éminents, ils se sont toujours montrés simples et modestes, n'aspirant qu'à être utiles, faisant le bien sans éclat, par l'impulsion d'un naturel heureux autant que par un sentiment profond du devoir. Tel a été M. l'abbé Rousseau, chevalier de la légion d'honneur, inspecteur de l'académie universitaire de Caen, membre de l'académie des sciences, arts et belles-lettres de la même ville et de plusieurs autres Sociétés savantes. L'hommage qu'un collègue et un ami éprouve le besoin de rendre à sa mémoire sera simple et vrai. Il n'y a rien à exagérer, rien à dissimuler dans une semblable vie. Il suffit de la faire paraître telle qu'elle a été, pour n'avoir à offrir que de nobles exemples.

Jean-Denis Rousseau naquit, le 3 octobre 1765, à Mazières, petite commune du département d'Indre-et-Loire, à quatre lieues de Tours. Il fut l'aîné de onze enfants. Son père, simple laboureur, l'occupa d'abord à la garde des troupeaux, et, à une époque où l'instruction primaire était à peine connue dans les campagnes, le jeune Rousseau semblait être destiné à rester cultivateur comme son père. Mais la paroisse possédait un curé aussi recommandable par son mérite que par son caractère. Il connaissait l'arpentage et s'y livrait volontiers, dans ses moments de loisir, pour rendre service à ses paroissiens. Ayant eu occasion d'employer le jeune Rousseau à porter la chaînette dans ces sortes de travaux, il remarqua de l'intelligence dans cet enfant et le prit en affection. Il lui apprit à lire et à écrire, et l'initia bientôt à l'étude de la langue latine, dans laquelle le jeune élève fit de rapides progrès. M. Rousseau témoigna à M. l'abbé Guérin, tant qu'il vécut, un attachement filial, et il en conservait le souvenir le plus tendre. Il se plaisait à dire qu'il devait, en partie, son excellente mémoire au soin avec lequel son vénérable instituteur l'avait d'abord cultivée.

Etant entré au collége de Tours, il y obtint des succès brillants. Dès le mois d'août 1778, ayant moins de treize ans, il soutint avec distinction des thèses sur les mathématiques et la physique, écrites en latin, suivant l'usage du temps, avec une rare élégance. C'est à la suite de cette épreuve que, se destinant déjà à l'état ecclésiastique, il fut nommé par l'archevêque de Tours à une bourse du collége de Louis-le-Grand, à Paris. Il y entra, cette même année, dans la classe de seconde, et réalisa toutes les espérances qu'il avait fait concevoir. Quoique placé sur un plus grand théâtre, au milieu de concurrents plus nombreux et plus redoutables, il conserva néanmoins sa supériorité. Aussi, après cinq années, pendant lesquelles il acheva et perfectionna ses études, il obtint un titre qui n'était accordé qu'aux sujets les plus distingués; il fut nommé maître de conférences, d'abord pour la philosophie et ensuite pour la théologie, à ce même collége de Louis-le-Grand. C'est ainsi qu'il débuta dans la carrière de l'instruction publique, à laquelle il devait consacrer sa vie entière. Il remplit ces fonctions jusqu'à la fin de l'année 1790. A cette époque la révolution qui agitait la France ayant commencé à faire déserter les colléges, M. Rousseau revint dans son pays natal, avec le titre de licencié en théologie. Bientôt, afin de se soustraire aux poursuites dirigées contre les membres du clergé qui refusaient le serment, il alla se cacher à Tours, dans une imprimerie, où il exerça le modeste emploi de prote. Il passa dans cette retraite les temps les plus orageux de la révolution, et n'en sortit qu'au mois de septembre 1795, pour entrer dans la maison d'éducation dirigée à Tours par M. Trousseau. Là il se chargea de l'enseignement des langues anciennes et des mathématiques. Si, par des motifs dont la connaissance ne nous est pas parvenue, mais qui ont dû dépendre de sa volonté, M. l'abbé Rousseau ne fut pas compris dans l'organisation de l'école centrale d'Indre-et-Loire, où sa place était naturellement marquée, nous voyons que son mérite n'en fut pas moins apprécié; car il fit partie du jury central du département, pendant les deux dernières années de l'existence de cette école; et, lorsqu'après sa suppression, on établit à Tours une école secondaire communale, il y fut nommé professeur de première et seconde classe de mathématiques, et chargé en même temps d'enseigner la langue grecque aux élèves des différentes classes à partir de la quatrième. Au mois de novembre 1807, lors des changements opérés dans cette école, M. Rousseau en sortit, et continua de donner le même enseignement dans la maison d'éducation qu'ouvrirent à Tours les anciens directeurs du collége.

Mais déjà avait paru la loi qui créait l'université ; tous les hommes voués à l'instruction de la jeunesse allaient être réunis en un corps destiné à occuper dans l'Etat la place qui convient à son importance. M. l'abbé Rousseau ne pouvait manquer d'y obtenir un rang distingué. En effet, il fut nommé, en 1810, par le grand-maître de l'université, professeur de philosophie au lycée de Liége, où il ne se rendit pas, et bientôt après, en la même qualité, à celui d'Orléans. Il existait alors dans cette ville une faculté des lettres. M. Rousseau y fut chargé de la suppléance de la chaire de philosophie, dont le recteur était titulaire. Il remplit ce double emploi avec beaucoup de distinction, à une époque où la philosophie était encore condamnée à s'envelopper, dans les écoles, de l'obscurité d'une langue morte et des formes de la scolastique. Indépendamment de cette étude spéciale, M. Rousseau se livrait avec ardeur à celle de la géographie, pour laquelle il conserva toute sa vie un goût particulier. Dans un discours qu'il prononça à une distribution des prix du lycée d'Orléans, il s'attacha à faire voir, par une revue rapide et brillante des temps anciens et modernes, l'union intime de la géographie et de l'histoire.

L'homme qui joignait à tant de connaissances solides et au talent de les exposer avec une clarté, une précision et un intérêt admirables, toutes les qualités propres à diriger la jeunesse, un extérieur imposant, un caractère doux et ferme, une activité infatigable, un désintéressement rare , un amour parfait de l'ordre et de la justice ; un tel homme n'était complètement à sa place qu'à la tête d'un grand établissement d'instruction publique. Le chef de l'université le comprit , et , le 28 septembre 1815, M. Rousseau fut nommé proviseur du collége royal de Bourges. Sa longue expérience lui avait appris , bien mieux que ne pouvaient le faire les réglements officiels , toute l'étendue de ses nouvelles obligations. Il en traça lui-même le tableau dans une allocution pleine de franchise et de dignité, qu'il adressa , lors de son installation , aux fonctionnaires ses collègues et aux élèves réunis ; déclarant aux uns qu'il comptait sur leur concours , aux autres sur leur docilité. Une administration dirigée par des intentions aussi pures et aussi éclairées , obtint les plus heureux résultats : le collége de Bourges prospéra entre les mains de M. l'abbé Rousseau, qui fut appelé , le 17 septembre 1817 , à faire jouir du même avantage la seconde ville du royaume.

Depuis plusieurs années le collége royal de Lyon dépérissait : le désordre était dans les finances, qui offraient un déficit considérable ; les études et l'état moral de l'établissement laissaient aussi beaucoup à désirer ; au-dehors, il existait contre l'Université des préventions puissantes, que la situation du collége semblait, il est vrai, justifier. M. Rousseau triompha de tous ces obstacles : il rétablit l'ordre dans les finances, la discipline parmi les élèves, la force et l'émulation dans les études ; il ramena la confiance publique ; et, s'il ne détruisit pas toutes les préventions, il les réduisit, du moins, à l'alternative du silence ou de la calomnie. Un succès aussi complet fut apprécié, comme il devait l'être, par l'Université. M. Rousseau en reçut un témoignage dont l'éclat vint surprendre sa modestie : il fut fait chevalier de la Légion d'honneur par ordonnance royale du 22 décembre 1821. Tous les fonctionnaires du collége applaudirent à cette récompense qu'ils savaient être si bien méritée. Ils voyaient d'ailleurs couronner leurs propres efforts dans la personne de leur chef. M. Rousseau se montra constamment pour eux un protecteur zélé ; aussi sa mémoire a-t-elle reçu à Lyon (1) un hommage dicté non-seulement par l'amitié, mais encore par la reconnaissance. Il n'était pas moins aimé des élèves, qui trouvaient en lui la justice et la fermeté tempérées par une bonté paternelle, et, sous des formes sévères, un cœur excellent. Ils lui donnèrent une preuve délicate de leur affection en dessinant ses traits vénérés, et en voulant que la pierre les reproduisît pour chacun d'eux et pour ses nombreux amis : monument simple et touchant, auquel la mort est venue ajouter un nouveau prix. Toutefois, M. Rousseau n'avait pas besoin de cette garantie contre l'oubli : il était assuré de vivre dans le souvenir de tous ceux qui l'ont connu.

Après dix années d'une administration qui avait élevé le collége royal de Lyon à ce haut degré de prospérité où il s'est maintenu depuis, M. l'abbé Rousseau comprit, par les obstacles qui naissaient pour lui des circonstances politiques, que sa mission était accomplie. Cependant, quoiqu'il fût alors âgé de plus de soixante ans, il ne se crut pas en droit de se livrer au repos. Comme un tempérament robuste et des forces bien conservées secondaient encore

(1) M. Le Geay, professeur de seconde au collége royal de Lyon, a lu, le 10 décembre 1835, à la Société littéraire de la même ville, une notice historique sur la vie de M. J. D. Rousseau : elle a été imprimée.

son amour du bien public, il accepta de nouvelles fonctions. Il fut nommé, au mois de septembre 1827, inspecteur de l'Académie de Montpellier; mais, désirant se rapprocher de sa chère Touraine, il préféra le même emploi dans l'Académie de Caen, et il y fut nommé le 20 octobre de la même année. M. Rousseau ne vit point dans cette position nouvelle ce qu'une opinion erronée y voit communément, une sinécure, mais un temps à partager entre de laborieux voyages et des études continuelles. Il savait quels services l'inspection est appelée à rendre au corps enseignant. Entretenir les autorités locales dans des relations de confiance avec l'Université, et dans des sentiments de bienveillance envers ses établissements, maintenir dans ces derniers l'unité qui en fait la force, et l'esprit de progrès qui les vivifie, conserver les bonnes doctrines, réprimer les abus, encourager le zèle et le talent, et surtout le talent modeste, telle est la mission de l'inspecteur; ainsi l'avait conçue, ainsi l'accomplit M. Rousseau. C'est ce qu'il nous a été facile de reconnaître en parcourant après lui les mêmes lieux, et en voyant quelle haute estime il s'était partout conciliée.

Mais les colléges de l'Académie, dans lesquels il fortifia l'étude de la géographie, de l'histoire et de la langue grecque, n'étaient pas seuls l'objet de sa sollicitude; il portait un intérêt tout particulier, et on peut dire de prédilection, aux modestes écoles primaires. Cet esprit si juste avait compris l'importance de l'instruction populaire long-temps avant que la loi lui donnât le développement qu'elle a reçu dans ces dernières années, et il n'épargnait ni soins ni peines pour en hâter les progrès. Il s'attacha principalement à faire connaître la méthode d'enseignement simultané, la seule, ainsi que l'expérience l'a démontré, qui puisse être employée avec succès dans les petites localités, et surtout dans les campagnes. Cette méthode n'était guère pratiquée que par les frères des écoles chrétiennes, avant que les instituteurs eussent le secours des écoles normales et des lumières qui leur arrivent maintenant de toutes parts. Quelquefois M. l'abbé Rousseau réunissait au chef-lieu tous les instituteurs d'un arrondissement, et là, en présence du comité, il leur expliquait, dans le plus grand détail, les procédés qu'ils devaient suivre pour toutes les parties de leur enseignement. Afin de s'assurer qu'il avait été compris, il provoquait leurs observations, et il y répondait par de nouveaux éclaircissements. Joignant au zèle la générosité, il fit imprimer une série de tableaux de lecture qu'il avait composés lui-même, et il en gratifiait les écoles qu'il visitait. On pouvait juger du dévouement et de la supériorité avec lesquels il traitait tout ce qui concernait l'instruction primaire, par ces rapports si pleins, si lumineux, qu'il faisait au conseil académique pour la distribution annuelle des médailles d'encouragement. Plus d'un instituteur a dû à son active sollicitude la récompense qui est venue le signaler à l'estime publique. Pour atteindre ce but, M. Rousseau ne craignait pas d'entreprendre à cheval des courses longues et pénibles. C'est dans une de ces courses qu'il ressentit, en 1833, les premières atteintes de la maladie cruelle (1) qui devait le conduire au tombeau. Dès

(1) Une maladie de la vessie. Elle se déclara par un flux de sang, que l'exercice, même en voiture, provoquait dans les derniers temps. A sa mort, un cancer fut reconnu dans cette partie.

lors, l'avis des médecins et les conseils de ses amis auraient dû le déterminer à quitter ses fonctions. Indépendamment de la retraite à laquelle lui donnaient droit ses longs services, il s'était assuré par ses économies une honnête aisance, qui aurait suffi à ses besoins et au bien qu'il aimait à faire. Mais il ne put consentir à cesser d'être utile. Il semblait qu'il eût fait vœu de servir son pays jusqu'à son dernier soupir.

Pendant les mois de résidence que M. Rousseau passait à Caen dans l'intervalle de ses voyages, il menait une vie retirée, conforme, disait-il, à son âge, à ses goûts et au caractère dont il était revêtu; car il remplissait scrupuleusement tous ses devoirs d'ecclésiastique, et, prêtre habitué de sa paroisse, il y rendait tous les services que l'on réclamait de son obligeance.

M. l'abbé Rousseau avait une véritable passion pour l'étude. A quelque heure qu'on allât le visiter, on le trouvait au milieu de ses livres, qui formaient une précieuse collection, occupé de quelque travail important. La plupart de ces travaux n'ont point été publiés : ce sont des résumés d'histoire, des traductions fidèles d'auteurs grecs et latins, des dissertations métaphysiques, et des recherches d'archéologie. Il en a fait paraître quelques autres, que sa modestie a privés de la recommandation de son nom. Tel est un abrégé de géographie ancienne, ouvrage savant, quoique élémentaire, où l'étude si aride de cette science est rendue attrayante par des détails historiques, curieux et instructifs. Telle est encore une traduction interlinéaire de l'art poétique d'Horace, particulièrement destinée à aplanir aux jeunes étudiants les difficultés que présente le texte de ce morceau, si propre à former leur goût et à enrichir leur mémoire.

En 1832, il fit imprimer une traduction en vers, qui ne manque ni de concision ni d'élégance, des jolis distiques de Muret, plusieurs fois traduits et si dignes de l'être. L'année suivante, l'Académie des sciences, arts et belles-lettres de Caen l'ayant choisi pour son président, il voulut répondre à cet honneur en présentant quelque composition ; ce fut encore une traduction en vers, de la belle élégie de Properce, intitulée à *Polus*. La pensée du poète latin était partout bien saisie et souvent rendue avec une heureuse fidélité. M. Rousseau appartenait aussi à la Société des Antiquaires de Normandie. Il y fit plusieurs communications intéressantes. Lorsqu'en 1833, le zèle infatigable de M. de Caumont eut formé l'Association normande, dans le but si louable d'encourager les progrès de la morale publique, de l'enseignement élémentaire et de l'industrie agricole, manufacturière et commerciale, M. l'abbé Rousseau fut nommé membre du comité d'administration, et bientôt chargé de la rédaction de l'Annuaire, dont l'Association a déjà publié deux volumes. C'était assurément faire preuve d'un grand dévouement que d'accepter un travail de statistique aussi étendu. Personne, il est vrai, n'était plus propre que M. Rousseau à le bien exécuter. Ajoutons que personne n'était plus porté à s'oublier lui-même. On chercherait vainement son nom dans ce livre, destiné à faire connaître tant de mérites divers.

Tous ces travaux, quoiqu'ils paraissent considérables, n'étaient qu'accessoires pour M. Rousseau. Entièrement dévoué à ses fonctions, il se livrait assiduement aux études qu'elles exigent. Également versé dans les sciences et dans les lettres, qu'il avait tour-à-tour professées, il ne négligeait pas d'entretenir et d'augmenter ses connaissances. Aussi, dans les examens de tout genre auxquels il était appelé, étonnait-il par la richesse et la précision de ses souvenirs.

Le caractère de M. l'abbé Rousseau peut se résumer dans ces trois qualités principales : bonté, simplicité, modestie. Il s'appliqua toute sa vie à pratiquer cette maxime évangélique : *faire le plus de bien possible, en se laissant ignorer.* Sans ce secret absolu dont il enveloppait ses bonnes actions, que n'aurions-nous pas à raconter ? Depuis sa mort, des personnes qu'il avait obligées de sa bourse se sont fait connaître pour ses débiteurs. Mais, issu d'une humble famille, c'est principalement sur elle qu'il répandit ses bienfaits ; et, pour n'en citer qu'un seul, une école ouverte par ses soins et entretenue à ses frais, offrit, pendant plusieurs années, une instruction solide à ses neveux et en même temps à toute la jeunesse de Mazières.

M. l'abbé Rousseau aimait tendrement son pays natal. Il allait chaque année y passer les vacances, au milieu de ses parents et de ses amis, qui retrouvaient toujours en lui la même bonhomie. Il était du commerce le plus commode et le plus sûr ; modéré dans ses opinions, plein de tolérance pour celles des autres, ennemi de toute discussion. Il montrait une gaîté douce dans l'intimité, et partout une égalité d'ame inaltérable. On ne l'entendit jamais se plaindre ni des hommes ni des choses, quoique pendant le cours de sa longue carrière il n'eût pas échappé à la loi commune ; mais il s'était nourri de cette philosophie divine qui enseigne à se résigner et à souffrir. Dans les affaires les plus fâcheuses il envisageait toujours le côté consolant. Ainsi, quoique depuis trois ans il sentît s'aggraver cette maladie cruelle qui causait de sérieuses inquiétudes à ses amis, il ne manquait pas de raisons pour les rassurer et pour se tranquilliser lui-même. Cependant, parti de Caen, dans les premiers jours du mois d'octobre, pour se rendre à Mazières, selon sa coutume, ses souffrances devenues plus vives l'obligèrent de s'arrêter à Tours. Afin de recevoir plus commodément tous les secours qu'exigeait son état, il entra dans la maison de santé tenue par les religieuses connues sous le nom de *Dames-Blanches*. C'est là qu'environné des soins les plus attentifs et de toutes les consolations de la religion, il mourut, le 12 novembre 1835, avec la foi d'un chrétien et la résignation d'un sage, laissant une mémoire également chère à sa famille, à ses amis, à l'Université et à l'Académie de Caen.

www.ingramcontent.com/pod-product-compliance
Lightning Source LLC
Chambersburg PA
CBHW070435080426
42450CB00031B/2667